Philipp Nawroth

Aktives Zuhören nach Carl R. Rogers

Erfolgreiches Zuhören in der professionellen Gesprächsführung und in der Wissensgesellschaft

GRIN Verlag

Bibliografische Information der Deutschen Nationalbibliothek:

Die Deutsche Bibliothek verzeichnet diese Publikation in der Deutschen National-bibliografie; detaillierte bibliografische Daten sind im Internet über http://dnb.d-nb.de/ abrufbar.

Impressum:

Copyright © 2010 GRIN Verlag, Open Publishing GmbH
Druck und Bindung: Books on Demand GmbH, Norderstedt Germany
ISBN: 978-3-640-75361-1

Dieses Buch bei GRIN:

http://www.grin.com/de/e-book/160535/aktives-zuhoeren-nach-carl-r-rogers

Hausarbeit

zum Thema:

Die Kunst des aktiven Zuhörens und der öffnenden Fragen

Seminar 12152 / Sommersemester 2010

Einführung in das Wissensmanagement

Aktives Zuhören nach Carl R. Rogers

Erfolgreiches Zuhören in der professionellen

Gesprächsführung und in der Wissensgesellschaft

von

Philipp Nawroth

-

2. Fachsemester

BA Erziehungswissenschaft

Freie Universität Berlin

Berlin, 26.08.2010

Coverbild: pixabay.com

Inhaltsverzeichnis

1. Einleitung

Im Zuge einer sich stets wandelnden und auf Wissen und dessen Verbreitung basierenden Gesellschaft spielt interpersonelle Kommunikation im alltäglichen menschlichen Dasein naturgemäß eine tragende Rolle. Doch auch im Bereich der professionellen Begleitung und Behandlung von aus pädagogischer oder psychologischer Sicht bedürftigen Menschen kommt der Art und Weise der Kommunikation und Ansprache gegenüber den Klienten eine Bedeutung zu, deren Ausmaß sich der allgemeinen Betrachtung für gewöhnlich entzieht. Es genügt keinesfalls, die theoretischen Grundlagen der professionellen pädagogisch-psychologischen Arbeit mit Klienten verinnerlicht zu haben und direkt in die Praxis zu übernehmen und umzusetzen, um einen erfolgreichen und dem Fall entsprechenden Therapieverlauf zu generieren. Dr. Carl Rogers entwickelte ein Modell, das sich als eine Art Leitfaden für das Herangehen an ein therapeutisches Gespräch in der Praxis darstellt. Zentrale Gedanken kommen darin in erster Linie der persönlichen Einstellung des Therapeuten gegenüber dem Klienten zu. Des weiteren spielt in Rogers Ausführungen die richtige Herangehensweise an das Zuhören als eine prinzipiell vermeintlich passiv auszuführende Aufgabe des Behandelnden eine Rolle. Nach Rogers soll das Zuhören aktiv erfolgen und er geht dabei auf Einfühlungsvermögen, Empathie und Zuwendung zum Klienten als wesentliche und qualifizierende Eigenschaften des Therapeuten in der Funktion des Gesprächsleiters ein.

Die Denkrichtung, die Dr. Carl Rogers einschlägt, bewegt sich abseits der gängigen Ansicht, Kommunikation und insbesondere Zuhören sei ein Prozess, der wenig bewusst und automatisch abläuft. Vielmehr entwirft er ein Zuhörmodell, welches dem Zuhören als aktive Tätigkeit eine dem Senden von Informationen mindestens gleichwertige Position einräumt.

In dieser Hausarbeit soll zunächst die klientenzentrierte Gesprächspsychotherapie nach Dr. Carl Rogers im Überblick erläutert werden, bevor im Speziellen auf die Bedeutung des aktiven Zuhörens und Verstehens sowie die zielgerichtete Zuwendung zum Gesprächspartner eingegangen wird. Schließlich wird die Bedeutung des professionellen Herangehens an interpersonelle Kommunikation für das Wissensmanagement im heutigen Verständnis erläutert und die Betrachtungsperspektive auf allgemeinere Sachverhalte als das reine therapeutische Gespräch erweitert. Es soll zusammenfassend hinterfragt werden, inwieweit das Zuhören tatsächlich eine überaus tragende Stellung im Kommunikationsprozess einnimmt und wo die Grenzen des aktiven Zuhörens nach Rogers in der praktischen und professionellen Anwendung liegen.

2. Das Modell der klientenzentrierten Gesprächspsychotherapie nach Rogers

2.1. Die Einstellung und die Rolle des Beratenden

Dr. Carl Rogers schreibt, wie es in der Psychotherapie üblicherweise getan wird, dem Berater die Rolle des Gesprächsleiters zu, der das Therapiegespräch in die psychologisch und therapeutisch beabsichtigte Richtung lenken soll.

Die Grundlage für die von ihm begründete personen- oder klientenzentrierte Gesprächspsychotherapie bildet eine durch und durch humanistische Auffassung vom Wesen des Menschen, die sich in jeder Handlung des Beraters wiederfindet. Nach Rogers ist in jeder Beobachtung und in jedem Gespräch die allen Menschen gegebene Einzigartigkeit und Individualität mit höchster Priorität zu beachten. Zudem geht der Ansatz der klientenzentrierten Gesprächspsychotherapie davon aus, dass jeder Mensch von seinem Ursprung aus gut ist und aus seiner eigenen Motivation heraus nach Wachstum, Gesundheit, Anpassung und Selbstverwirklichung hat.

"Dies ist die innewohnende Tendenz des Organismus, all seine Kapazitäten auf die Arten zu entwickeln, die dazu dienen, den Organismus aufrechtzuerhalten oder zu verbessern."[1]

Diese Motivation gilt es in der Berater-Klient-Beziehung folglich zu wecken, zu erweitern und zu unterstützen.

„Der Therapeut [...] lernt bald, daß die Weiterentwicklung der Art und Weise, den Menschen zu betrachten, die dieser Therapie zugrunde liegt, ein fortlaufender Prozeß ist, der in enger Beziehung zu seinem eigenen Bemühen um persönliche Entwicklung und Vervollkommnung steht. [...] Vielleicht ließe sich diese Behauptung in dem Satz zusammenfassen, daß eine Person bei Anwendung der klient-bezogenen Therapie ihren Respekt vor anderen nur soweit durchführen kann, wie dieser Respekt ein wesentlicher Bestandteil ihres Persönlichkeitsbildes ist; [...]."[2]

Angesichts dieser am Individuum Mensch ausgerichteten Herangehensweise an ein Gespräch und der Annahme, dass ein zu frühes offensichtliches Erkennen und Entschlüsseln des zentralen Problems und der analysierten Verhaltensweisen des Klienten für ein offenes und unbelastetes Verhältnis vom Klienten zum Berater nicht förderlich sein könnten, weist Rogers den Beratenden an, tendenziell zurückhaltend aufzutreten und dementsprechend zu interagieren.

---

1   Vgl. Rogers in: Cochrane/ Holloway, 1982, S. 31.

2   Vgl. Rogers 1951, S. 36.

Es lässt sich festhalten, dass der Beratende in seiner Funktion als Leiter eines Gesprächs zwar naturgemäß die Führungsrolle übernimmt, jedoch durch das maßgebende humanistische Menschenbild, die Rücksichtnahme auf die Individualität des Einzelnen und seine daraus resultierende augenscheinliche Zurückhaltung im Umgang mit den Kernproblemen seines Gegenübers darauf abzielt, beim Klienten bestimmte Denk- und Handlungsprozesse auszulösen und zu beeinflussen. Diese Denk- und Handlungsprozesse lassen sich zu einem grundlegenden Ziel der klientenzentrierten Gesprächspsychotherapie zusammenfassen: der Reorganisation des Selbst.[3]

2.2. Die Reorganisation des Selbst als Ziel der Beratung

Nach Dr. Carl Rogers steht die Reorganisation des Selbst im psychologischen Sinne in der klientenzentrierten Gesprächspsychotherapie im Zentrum der Betrachtung. Der zu behandelnde Mensch soll die Natur der menschlichen Organismen verinnerlichen und ein Verständnis für den Menschen und seine treibenden Kräfte entwickeln.

„Um die einstellungsmäßige Orientierung, die für den klient-bezogenen Berater die beste zu sein scheint, in eine umfassendere oder definitivere Form zu bringen, können wir daher sagen, daß der Berater sich entschließt, durchweg nach der Hypothese zu handeln, daß der einzelne die hinlängliche Fähigkeit hat, konstruktiv mit all jenen Aspekten seines Lebens fertig zu werden, die potentiell dem Bewußtsein gegenwärtig werden können. Das bedeutet die Schaffung einer interpersonellen Situation, in der einmal dem Klienten Material zu Bewußtsein kommen kann und zum anderen der Berater seine Bereitwilligkeit sinnvoll demonstriert, den Klienten als eine Person zu betrachten, *die imstande ist, sich selbst zu lenken.*"[4]

Dr. Carl Rogers geht davon aus, dass jeder Beratende im Gespräch nach einer oder mehreren Hypothesen handeln muss. Diese sind anhand des sich darstellenden Problems zu entwickeln und im Gespräch trotz aller methodischen Zurückhaltung unter Berücksichtigung der persönlichen Weiterentwicklung der Persönlichkeit des Klienten beizubehalten. Dass dies nicht immer ohne weiteres möglich ist, zeigt sich nach Rogers in der Praxis immer wieder.

„Wenn der Berater mitten in einem Interview spürt, daß der Klient vielleicht nicht die Fähigkeit hat, sich selbst zu reorganisieren, und zu der Hypothese übergeht, daß der Berater einen beträchtlichen Teil der Verantwortung für diese Reorganisation übernehmen muß, dann verwirrt er den Klienten und schadet sich selbst. Er hat sich

---

3 Vgl. dazu: Rogers 1951, S.36-38.
4   Rogers 1951, S. 38.

der Möglichkeit beraubt, die eine oder andere der beiden Hypothesen zu beweisen oder zu widerlegen."[5]

Zusammenfassend ist in der Gesprächspsychotherapie folglich für den Beratenden von Bedeutung, seinen eingeschlagenen Weg nicht zu verlassen und möglichst beständig zu arbeiten und aufzutreten. Der Klient seinerseits soll angeleitet werden, seine Motivation zur Selbstverwirklichung von innen heraus zu entdecken und zu entfalten, ohne dass der Beratende dazu eine zu große Verantwortung übernimmt. Mit zurückhaltend-einfühlsamem, aufmerksamem und konstant verlässlichem Auftreten schafft der Beratende eine Atmosphäre des Vertrauens, in welcher sich der Klient persönlich öffnen und in gewissem Maße lenken lassen kann. Die klientenzentrierte Gesprächspsychotherapie stellt den Menschen und sein individuelles Wesen in den Mittelpunkt der interpersonellen Kommunikation im psychotherapeutischen Kontext und zielt so darauf ab, das Denken und die Selbstwahrnehmung des Klienten entscheidend positiv zu beeinflussen. Diese grundlegenden Ideen finden sich sowohl im Umgang mit therapeutischen Einzel- und Gruppengesprächen als auch in der grundsätzlichen Betrachtung von zwischenmenschlicher Interaktion wieder, denn Aufmerksamkeit, Verlässlichkeit und eine von Vertrauen geprägte Basis sind Voraussetzungen für eine erfolgreiche Kommunikation auch abseits der Psychotherapie und gänzlich abseits der Wissenschaft.[6]

3. Die Rolle des aktiven Zuhörens in der interpersonellen Kommunikation

Im Folgenden wird das Augenmerk eher auf das Zuhören als Prozess im Allgemeinen gelegt. Die klientenzentrierte Gesprächspsychotherapie ist derart umfangreich und komplex, dass sie hier nur im Ansatz betrachtet werden kann. Dr. Carl Rogers entwickelte ein Zuhörmodell, welches als eine Art Anleitung zum richtigen Zuhörverhalten zu verstehen ist.

3.1. Das Zuhörmodell von Dr. Carl Rogers

Im Prinzip basiert die Idee des Zuhörens von Dr. Carl Rogers auf wenigen einfachen Grundsätzen.

Das wichtigste Element im Herangehen an einen interpersonellen

---

5   Rogers 1951,S. 38.
6   Vgl. dazu Rogers 1951, S. 38-40.

Kommunikationsprozess ist nach Rogers das bereits beschriebene, durchweg positive humanistische Menschenbild, in welchem die dem Menschen gegebene Selbstverwirklichungstendenz stets beachtet und unterstützt werden soll. Darin wird zudem davon ausgegangen, dass die menschliche Entwicklung komplex und keineswegs geradlinig, jedoch zielgerichtet und entsprechend der dem Menschen innewohnenden Motivation nach Selbstverwirklichung verläuft.

Der Mensch (im professionellen psychotherapeutischen Kontext: der Klient) steht stets im Mittelpunkt der Betrachtung. Aufbauend auf diesen Ansatz geht Rogers davon aus, dass das Selbst des Menschen aus seinen im Lauf des Lebens gemachten Erfahrungen entsteht und auf ihnen aufbaut. Das Aufwachsen des Menschen ist nach Rogers die Herausbildung von Bildern und Meinungen über das Selbst. Das so entstehende Selbstbild ist maßgebend für die Persönlichkeit des betrachteten Menschen und seine grundsätzliche Einstellung zum Leben in der ihm gegebenen Umgebung.

Unter Berücksichtigung dieser Grundannahme formuliert Rogers für ein Gespräch seinem psychotherapeutischen Denken folgend maßgebliche Ziele. Dem Gesprächspartner soll die Offenheit für neue Erfahrungen, persönliche Entwicklung und stetige förderliche Veränderung vermittelt werden. Die nun für die ganz allgemeine Bedeutung aktiven Zuhörens wichtige Bemerkung ist jedoch die, dass im Gespräch eine geeignete und der Kommunikation förderliche Atmosphäre geschaffen werden soll. Eine solche Atmosphäre unterliegt nach Rogers einigen prägnanten Bedingungen. Zunächst ist dabei von *Aufrichtigkeit* oder *Echtheit* die Rede. Da sich das vermeintlich richtige Zuhörverhalten durch die Bildung eines Vertrauensverhaltens auszeichnet, ist diese Bedingung sehr naheliegend. Die Gesprächspartner haben durchweg aufrichtig miteinander umzugehen, um jegliche Möglichkeit des Misstrauens zu vermeiden und den reibungslosen Informationsfluss somit nicht zu blockieren. Zweifelt der Gesprächspartner an der Aufrichtigkeit und Echtheit des jeweils anderen, besteht die Gefahr, dass Inhalte verschwiegen werden. Das Verdeutlichen der eigenen Aufrichtigkeit durch Mimik, Gestik und im verbalen Verhalten ist im Modell nach Rogers der erste Schritt, um im eigentlich passiven Prozess des Zuhörens das Verhalten des Gegenübers sowie die Atmosphäre zwischen den Gesprächspartnern entscheidend zu beeinflussen.

Die zweite Grundbedingung für erfolgreiches und förderliches Zuhören ist *Akzeptanz* bzw. *Anteilnahme* oder auch *Wertschätzung*. Diese Haltung zielt darauf ab, dem Gegenüber beim Zuhören zu demonstrieren, dass derjenige eine Person von Wert ist und dass das von ihm Vorgetragene eine Bedeutung hat. Der Zuhörer sollte dem Sprechenden verbal sowie teils auch nonverbal zu verstehen geben, dass er Interesse und Verständnis für das Gesagte aufbringt und stets im Gespräch mitdenkt. Dies fördert die Bereitschaft des Sprechenden, sich mehr und mehr zu öffnen und sich im Gespräch geborgen zu fühlen.

Die dritte und letzte Bedingung für förderliches aktives Zuhören nach Dr. Carl Rogers ist *Empathie*. Das emotionale Hineinversetzen in den Gesprächspartner versetzt das Verhältnis zwischen zwei Menschen vollends in einen Zustand absoluten Vertrauens und formt gemeinsam mit den anderen genannten Bedingungen das Fundament für Kommunikation, aus der beide beteiligten Parteien Vorteile ziehen können und welche produktiv und bedeutungsvoll ist.

Natürlich gilt es auch in diesem Fall, das richtige Maß an Aktion und Reaktion zu finden. Vermieden werden sollten demnach nach Rogers eine zu direkte Ermutigung des Gegenübers, genauso sollten Wertungen, Beurteilungen und Ablehnung nicht zur Sprache kommen. Generell sollte Beeinflussung und die Einengung der Perspektive nach Rogers keinen Platz in interpersonellen Kommunikationsprozessen finden.

Verständnis, offen präsentierte Akzeptanz und Anteilnahme an den Gedanken des Sprechenden sowie die Wahrnehmung des Gegenübers als vollwertiges Individuum sind die Eckpfeiler im Zuhörmodell von Dr. Carl Rogers, der Zuhören als aktiven Prozess versteht und nicht ausschließlich das Sprechen an sich als maßgeblichen Faktor im Kommunikationsverlauf ansieht.[7]

4. Die Rolle des aktiven Zuhörens in der Wissensgesellschaft

In der Wissensgesellschaft kommt Kommunikationsprozessen eine immer größere Bedeutung zu. Um die Fülle von generiertem Wissen möglichst vielen Menschen schnell und effizient zur Verfügung zu stellen, ist die interpersonelle Kommunikation sowohl im direkten verbalen Verständnis als auch über moderne technische Kommunikationsmittel unabdingbar.

Das aktive Zuhören nach dem Verständnis von Dr. Carl Rogers hat naturgemäß ihre Priorität im direkten zwischenmenschlichen Kommunikationsprozess, da Faktoren wie Zuwendung und Empathie in der oftmals in schriftlichen Formen vollzogenen Kommunikation über technische Wege nur selten überhaupt eine Rolle spielen. Im direkten Gespräch kommt dem aktiven Zuhören jedoch eine immens hohe Bedeutung zu, wenngleich diese Bedeutung sich nicht mit dem Verständnis von Dr. Carl Rogers unmittelbar vereinbaren lässt. Rogers räumte dem aktiven Zuhören insbesondere im therapeutischen Kontext eine Rolle ein, da mit dessen Hilfe die Behandlung von

---

7 Vgl. zu diesem Abschnitt: Rogers / Farson 1987.

Klienten in der Psychotherapie gefördert und erfolgreicher gestaltet werden konnte.

Im Verständnis der modernen Wissensgesellschaft und abseits der Psychotherapie findet aktives Zuhören vor allem in der Teamarbeit und in der Vermittlung von der Fülle an Wissen seine Priorität. Teams arbeiten dann effizient, wenn die Gruppenmitglieder einander in möglichst schneller und effektiver Art und Weise Informationen zukommen lassen und diese auch richtig interpretieren und umsetzen. Kreativität und Produktivität werden durch Faktoren wie Empathie, Vertrauen, Verständnis, Mitfühlen, Mitdenken und gegenseitige Anteilnahme beim gegenseitigen Umgang, zu dem das Zuhören definitiv gehört, gefördert. Auch im pädagogischen Kontext findet das aktive Zuhören einen Platz in der Praxis. Pädagogen sind gefordert, Menschen einen Weg in die Wissensgesellschaft zu ebnen und sie ihren Platz in der Gesellschaft finden zu lassen. Die Selbstfindung und das positive Selbstverständnis des Menschen werden nur dann gefördert, wenn über aktives Zuhören und die genannten inkludierten Bedingungen eine Vertrauensbasis geschaffen wird.

Nach Dr. Carl Rogers bildet das aktive Zuhören die Grundlage für vertrauten und aufrichtigen Umgang zwischen Menschen. Dies wiederum ist ein Eckpfeiler erfolgreicher zwischenmenschlicher Kommunikation und damit stets ein elementarer Bestandteil menschlichen Zusammenlebens, sowohl in der Vergangenheit als auch in der modernen Wissensgesellschaft.

Literaturverzeichnis

Grundlagenliteratur dieser Arbeit:

Rogers:

Die klientenzentrierte Gesprächspsychotherapie. 18.Auflage, 2009; ungekürzte
Ausgabe; Fischer Taschenbuch Verlag, Frankfurt/Main.

Originalausgabe: *Client-Centered Therapy*, 1951, Verlag Houghton Mifflin Co.,
Boston.

Weitere Quellen:

Cochrane/ Holloway, 1982, S. 31. entnommen aus:
http://www.beratung-therapie.de/21-0-Gespraechstherapie.html am 18.05.2010.

Rogers / Farson:

Active Listening, Excerpt from Communicating in Business Today, R.G.
Newman, M.A. Danzinger, M. Cohen (eds), D.C. Heath & Company, 1987.

Rogers:

Personen-zentriert: Grundlagen von Theorie und Praxis. 1991; Matthias-
Grünewald-Verlag, Mainz.